지금도 충분히 행복해

위로받았으면 좋겠어 그것뿐이야

지금도 충분히 행복해

정향목 시집

좋은땅

책 표지를 넘기며

마흔 살이 지나던 해 이 책을 내려 했지만 4년이라는 시간이 훌쩍 지나 버렸다.
직접 쓴 글을 모아 시집을 내는 게 뭐 대단한 일이라고—
미루고 미뤘던 일을 해야 내 속이 시원할 것 같다.
남들에게는 대수롭지 않은 일이겠지만 나에게는 꼭 해결해야 할 숙제.
그리고 이 글을 읽고 있는 그대들은 내 숙제의 해답이 되길 바라며.

[지금]이라는 시간,
"충분히 행복해."

프롤로그

마흔이 코앞으로 다가왔을 때
두려웠던 마음
글을 쓰면서 스스로 위로를 받았다.

부디 책에 적힌 글들이
살아가면서 어떤 이에게 위로가 되는
글이기를 바라 본다.

잠시라도
혼자만의 상처를 안고 살아가는 사람들에게
치유하는 글이 되기를 바라 본다.

차례

part I

part Ⅱ

part Ⅲ

part IV

part Ⅰ

종이 한 장으로 출생신고
종이 한 장으로 사망신고
종이 한 장에 사람 인생의 무게를
어찌 가볍게 담을 수가 있을까?
어찌 가벼운 입으로
그 사람의 인생을 평가할 수 있을까?

마흔 살 1

처음부터 잘하는 사람 없다고
다 하고 나서
틀린 부분 있다며 다시 배우면 된다고
걱정하지 말라며, 위로받으며
누구나 다 그렇게 살아왔다

될 때까지 하다가 안 되면
그때 도움 요청하라며
할 때까지 해 보면
완성은 못 했더라도 과정을 거치면서
오롯이 내 것으로 만들 수 있다며

이제는 누군가 의지하며 배우는 것보다
알려 주며 가르쳐 주는 실감이 나지 않는 나이
아직까지 하고 싶은 게 많은 나이
하고자 했던 꿈이 멀어질까
불안감만 쌓여 가는 마흔 살

독백

'네가 있어서 내가 살 수 있었어. 너 아니었으면 난 벌써 포기했을 거야'
'아냐 내 성격상 포기는 하지 않았겠지'
'이건 진짜인데… 정말 힘이 들었을 거야'
'아무 의미 없이 살고 있거나, 아직 자리 잡지 못하고 어영부영 살았겠지'
'그런 생각 많이 해'

'사실은 사실이니까'
'진심으로 고마워'

고독사 1

서너 평 남짓한 방
싸늘한 시신과 이불 안에서 발견한
현금이 든 봉투 한 장
따뜻한 국밥이라도 사드시라는 삐뚤삐뚤 한글
그 심정 다 헤아릴 수 없어도
따뜻한 마음 남았네

행여 마지막 순간마저 누가 될까
사소한 뭐라도 챙겨 주고 싶어 했던
따뜻한 마음을 가졌던 사람이었겠지
불행스럽게도 아쉽게도 이렇게 떠나지만
관이 화장로에 들어갈 때
울어 줄 사람이 없네

장례는 죽은 사람뿐 아니라 남아 있는
사람에게도 중요한 절차 아무 관심이 없네
마지막까지 유골함을 들고 갈 사람이 없네
찾는 이 없이 멀어지는 발걸음 사이

홀로 사라져 가네

당신 생각

돌아가신 그때 나이보다
내 나이가 더 많아졌네
알고는 있었을까?

정신없던 나를 대신한 친구 손에 의지한 채 간 곳
영안실에 옮겨 누워 있었어
상상도 못 했던 일들이 눈앞에 펼쳐지고 있었어
다시 시간을 되돌릴 수는 없을까?

하고 싶은 말
가슴에 묻어 두고
'나 이렇게 살았고, 이렇게 살고 있어요'
'다 지켜보고 있었죠?'

옆에 있었다면
지금보다 더 잘할 수 있었을 텐데
수십 년째 꿈에서 깨어나지 못하고 있어
문득 아빠가 그리워지는 날

쓸데없는 잡념이 많아지는 날

말은 못 했지만 정말 생각이 많이 나

나의 오늘은 상관없어

오늘 무슨 일 없었어?
오늘 하루 즐거웠어?

오늘 하루 제일 뭐가 재미있었어?
속상하거나 기분 나빴던 일 없었어?

살다 보니 설레는 일보다
쓸데없는 걱정만 많아져 가네

행여 몸이 약해 자주 아플까
행여 불합리에 할 말 못 하고 있는 게 아닐까?

무엇이 되든 감당할 수 있어
나의 오늘은 상관없어
'너희들만 행복하다면'

고독사 2

죽어서도 자유롭지 못한 삶
마지막 길까지 외롭고 쓸쓸하기만 하네
쳐다보는 사람 없는 곳에
좁은 공간 뜨거운 열기에
나는 점점 사라져 가네

그 흔한
울음소리 들리지 않네
그 흔한
사람들 사이로 떠나가네

부디…

고독사 3

나 태어날 때
많은 이들 축복 속에
소리 내어 세상 나왔지만
나 떠나가는 길
소리 소문 없이
나 홀로 쓸쓸히 멀어져 가네

잊지 말아 주오
내 이름과 내 얼굴
내 목소리와 내가 좋아했던 것
나의 인연아, 나의 연인아

나는 이렇게 가지만
잊지 않겠소
나는 그렇게 가지만
웃으며 가겠소

관계

좁고 깊게
만나는
인간관계를
추구하는 이유는

살아가면서 후회하지 않기 위한
최후의 방어 수단
살아가면서 힘들어하지 않기 위한
최후의 관계

어쩌다가 관계가 끊어진대도
그 상처는 고스란히 스스로 감당할 수 있어야지
그래야만 사람에 대한 단념도 쉬운 법

[사회적 관계는 단순하면서도 너무 어렵다]

어째서

보는 눈은 다 똑같아
당신 별로
당신 위선적

듣는 귀는 똑같아
무심코 내뱉는 말에 상처받았어
당신은 모르겠지만 너무해

위치가 높을수록
책임은 어렵다지만
몰라도 너무 몰라

입만 살았지 행동은 하지 않아
말은 거창하지만 손해를 보려 하지 않아
주변을 위하는 척하지만
내가 손해 보지 않을까?
왜 나잇값을 하지 못할까?

[그럴수록 솔선수범해야 된다, 상대방에게 누가 되지 않도록 …]

첫사랑

머리가 이상해지는 것 같아
참으려 해도 웃음이 새어 나와

가슴이 쿵쿵쿵 뜀박질
너만을 향한 내 심장이 반응해

저절로 입꼬리가 올라가
네 옆에 살짝 스쳐 지나가기만 해도

나만 알고 있어야 될 것 같아
두근두근 내 마음 들켜 버릴까

고백도 못 하고 몰래 몰래
지켜만 보니 혼자서 미치겠어

믿음이 없어

각자의 만남
다시 만날 수 없는 인연
두 번 다시 만나서는 안 되는 악연

더 격렬하게 아무도 모르게
더 부드럽게 오붓하게
사람이 만나면 헤어지기 마련인데

있을 수 없는 일들을,
있던 일들까지 퇴색하려
온갖 확인되지 않는 얘기들만 한가득

정작 당사자들은 가만히
그저 조용히 지나가길 바라지만
돌아오는 건 뒷담화, 돌고 도는 확인되지 않는 소문
정말 사람에 대한 믿음이 없어

결정

사람들은 모른다
인정하면
빨리 인정할수록
내 마음에 평화도 빨리 찾아온다

말하기에는 단순하지만
곰곰이 생각하다 보면
모든 것들을 다 헤아릴 수는 없겠지만
의구심이 들 때가 빠른 결정이라는 걸
비로소 마음에 안정도 찾아온다

서툰 사랑

그럴 수 있지
처음이니까

그럴 수 있지
내 잘못이 있을 수도 있으니까

그럴 수 있지
가만히 놔두면 비극이 된다

사랑해서 사랑하니까
괜찮아질 거야, 참아야지

그러지 마 부탁이야
사랑은 상대방을 괴롭히지 않아

직장인

일하면 피곤하고
일 안 해도 피곤하고
아 어쩌란 말이냐

공휴일은 왜 이리 빨리 가는지…
'아 출근하기 싫다'

나만 그런 게 아니라
당신도 그런 생각 하지?

그래도 출근
그러니까 먹고살지
일할 수 있다는 게 얼마나 큰 행복인지
지금도 충분해 더 욕심부리지 말자

우리 사이는

제일 못한 사이
필요에 의해 만나는 사이
같은 밥 먹고 똑같은 일 하는 사이

남들보다 못한 사이
내 일이 아니면 관심 없어
나한테 피해만 안 주면 상관없어

관심보다 조언보다
반복되는 위치의 부각

따지고 보면
가장 필요한 존재
의지해야 할 존재

손해만 보고 살 수 없더라도
이기적인 생각은 하지 않기를
바라고 또 바라는 사이

엄마 마음

엄마는 아빠 가끔 안 보고 싶어?
떠나보낸 시간이 오래됐어도
보고 싶지 어떻게 잊고 살겠어

아직도 믿기지 않아
단양에서 우체부 하다가
시험 봐서 전화국 들어갔던 일
사람 다 그렇듯 아빠도 친구 좋아해
술 마시느라 새벽까지 연락도 안 돼
기다리고 기다리다 안 들어와서
누나 손 붙들고
너 들쳐 업고 찾으러 다녔던 일부터

고향으로 발령받아 여기서 산전수전 다 겪어 가며
너희들도 다 커 가고
이제는 먹고살 만하겠다 싶었는데
말도 없이 갑자기 떠나 버렸는데
어떻게 잊을 수 있겠어

어떻게 잊고 살겠어
죽어도 못 잊지…

아빠 몫까지 챙겨 주고, 더 잘해 주지 못하고
아들한테 짐만 되는 것 같아서
엄마가 정말 미안해

전성기

로맨스 가장한 차마 말 못 할 소설
매주 화요일, 금요일 2회 연재
총 A4 용지 140쪽 분량
커뮤니티 카페 회원 수 70만 명
사람들 반응은 폭발적
댓글 수 100여 개는 기본
[기다리기 힘들다]는 게시판 도배 글

완전 관심 받는 게 이런 기분이구나
개인 쪽지에 메일까지
이게 뭐라고 출판 의뢰도 들어왔었지
그깟 자존심이 뭐라고
결과는 음란글로 신고되어 게시글 삭제,
카페는 접근 금지로 강퇴

글 쓰면서 정말 행복감을 느꼈다
나의 글을 기다려 주는 사람이 있다는 게

연애 중

못 보고
못 보고
못 보다 보니까
더 같이 있고 싶다
이제 못 가게 꼭 붙잡고 싶다

후회

매일 보고 또 봐도
성에 안 차는지 당신과 같이 있고 싶어져
곁에서 반나절의 시간을 보내도
집에 들어가지 못하게 붙잡고 싶어져
그렇게 집착이 되어 갔어

한없이 다정했던 사람이
당신에게는 그저 그런 사람
이제 불편한 사람이 되어 갔지

다 당신과 함께하고 싶었음을…

조각상

정과 망치 하나로
두드렸을 생각 하니
이마에 땀과 눈가에 눈물
수많은 노력과 감내 느끼니
절로 마음이 먹먹해진다

하루하루 지쳐 가는 마음도
하루하루 변해 가는 조각상 마주하며
정과 망치 하나로
버텼을 생각 하니
절로 마음이 숙연해진다

추억 속 노래

내가 항상 듣던 노래 속
언제나 네가 묻어 있어

다른 일들로 지나쳐 가는
바쁜 일상 속에서도 네가 스며 있어

항상 듣는 노래 멜로디 속
네 목소리에 갇혀 있어

그때는 지금보다 더 행복하게
그렇게 살았나 봐

아마도 그때는
지금보다 걱정 없이 사는 게 쉬웠겠지

생각보다 쉬운 게
잊어지고 지우는 일이라는데

너와 함께했던 시간에
즐겨 들었던 노래 속에 아직 네가 살아 있어

[당신은 그런 노래 있어?]
[듣고만 있어도 그 사람 생각에 입가에 미소가 지고,
그 사람 기억에 눈물 고이는 그런 노래…]

나의 글

그대를 위해
돈은 안 되는 일이지만
신중한 마음 담아 글을 쓰고 있소

그대를 위한 글들이
긴 시간이 지나고 나면
어떤 의미인지
어떤 마음인지
알 수 있을 때
그때가 언제 될지라도
기억되는 글을 쓰고 있소

한 번쯤 생각하게 만드는 글
누구나 한 문장 읽다가 보면
사람들 입가에 미소 지으며
고개를 끄덕이며 공감할 수 있는
그런 글을 쓰고 있소

부부

봄 햇살 같은 따뜻한 눈빛으로
나를 바라보며 옆에 있는데
튤립 같은 선명한 입술로
나를 향해 웃고 있는데
어찌 너를 사랑하지 않을 수가 있으리

방 한가운데 침대에서
서로의 아침과 밤을 맞이하며
서로를 위해 맞춰 살아가고 있는데
어찌 너를 사랑하지 않을 수가 있으리

어찌 사랑하는 이유에 조건을 찾을 수 있겠는가

자기 위로

어제 다르고 오늘 다르고
아침 다르고 금세 저녁 다른데
시시각각 바뀌는 환경 속에서 살아간다는 건
참 대견한 일이야
'정말 대단해'
이 말 해 주고 싶어

사람 얼굴 다르고 성격 다르고
각자 사람마다 갖고 있는 마음가짐 다른데
그날 기분 따라 적응하며
그 속에서 살 부딪치며 살아간다는 건
정말 기특하고 고마운 일이야

'나에게 칭찬해'
'당신에게 칭찬해'
'다들 잘하고 있는 거야'

가족

우리 때문이었어
살아야 하는 이유가
다 우리 때문이었어

우리 때문이었어
견뎌야 하는 이유가
다 우리 때문이었어

우리 때문이었어
참아야 하는 이유가
다 가족 때문이었어

이러면 안 되는데

아빠가 떠나시고
몇 년 되지 않았음에도
기일 제사에 찾는 이 없었으며
어떻게 살아가는지 가족 소식을
궁금해하며 물어보는 이 없었다

그렇게 무던해진 사이가
오해와 앙금이 되어 자연스레 왕래 끊긴 후
어떻게 지내는지 관심 갖는 이 없었다

서서히 하나씩 끊어져 나갔다
뿌리라는 테두리 안에 존재 의미 없이
서서히 나란 존재는 지워졌다

아비 없이 성장해 가는 서러움이 아니라
힘들 때 조언해 주는 이
갈 길 모를 때 방향을 제시해 주는 이
막막할 때 도움 청할 사람 없다는 게 서러웠다

서투름

고급 패밀리 레스토랑보다
편의점에 컵라면 다양해서 더 좋다고 말했어
카페에 맛있는 과일빙수 대신
좋아하는 아이스크림 찾으려
냉동고 뒤적거리며 찾아 주던
그때가 좋았다고 했어

승용차보다 대중교통도 괜찮았고
자주 타던 직행버스
세월 흘러 바뀌 버린 640번 버스
할 일 없이 지하상가 앞에 앉아
수다 떨던 그때 그 모습이 좋았어

왜 그때를 생각하지 못하고
왜 부단하게 애를 쓰며 나만 바라보게 했을까?
충분히 만족하지 못했을까?

죄짓고 사는 기분

모든 일 모든 죄
내가 다 감당할게
해 줄 수 있다면
대신 지옥이라도 가 줄게
그럴 수 있다면
대신 죽어도 줄게

하나만 약속해
하나만 기억해
나로 인해
너까지 죄짓고 살아가게 해서 미안해

끝내는

잠시만 서로의 시간을 갖자고
그렇게 달래 놓고서

죽어도, 때려 죽어도
다시 생각해도

정말로
나는 아니었구나

이별 앞에서
그저 아무것도 아니었다

이별 뒤에

목소리만 들어도
아직도 눈물 날 것 같아

뒷모습만 보아도
무의식적으로 따라갈 것 같아

우연히 마주친 후 너의 눈빛을 보았다면
고개 숙인 채 움직이지 못하고
애써 외면할 것 같아

다행히
이제 다 소용없는 짓이라는 걸…

낮술

당직 서고 퇴근하는 날
평일에 연가나 대체휴무
다른 곳으로 새지 않고
베란다에 건조된 빨래 정리하고
청소도 꼼꼼히 해 놓고
모아 놓은 빨래 세탁기에 돌려놓고
혹시 모를 보리차도 끓여 놓은 뒤
조금의 수고스러움이라도 덜어 뿌듯해하는
너에게 조금이나 보탬이 되어 주고 싶어서

학교, 학원, 과외에
온종일 밖에 있다가 집 도어락 비밀번호 누르면
텅 빈 집이 아니라 재빨리 문 열어 줄 수 있게
뭐 하나 간식이라도 챙겨 줄 아빠가 없을까 봐
저녁마다 오순도순 식사 못 하는 게
신경 쓰이고 미안한 마음이 커서
시작하게 됐는데 은근히 빠져 버렸네

하루 행복

아침이 밝아 오는 게
이불속에서 벗어나기 싫을 만큼 짜증 날 때도 있지

어영부영 하루 보내고
퇴근하고 밥 먹고 씻고
가족들과 대화하며 하루 보내고
침대에 누워 이불을 덮고
머리를 베개에 대었을 때

오늘 하루 생각하고
다가올 내일 생각하니 이상하게도
마음에 걸리는 게 하나도 없이
그냥 마음이 편해지는 것

그것이야말로
행복이 아닐까?
걱정할 것 없는 하루가
진정한 행복이 아닐까?

"당신이 생각하는 행복은 어떤 거야?"

part Ⅱ

사과

가끔,
어른들이 아이들보다 한참 못할 때가 있다

어른들은 아이들의 생각을 무시하지만
어른들이 못 하는 일들을 아이들은 쉽게 해낼 수 있다

때로는 어른들은 아이들에게 사과를 강요한다
정작 어른들은 하지 못하고 애써 피하고 만다

어른이 되면 사과하는 일이 점점 어려워진다

[미안합니다] 그 말 한마디

다 그렇게 산다

아이들이 학교 가기 싫어
없는 핑계 만들어 가며 빠지고 싶은 것처럼
부모님 전화 통화면 다 무마되는 것처럼

비가 하염없이 쏟아지는 날
화창한 햇살이 나를 비추는 날
직장에 출근하지 않으면 안 되는 걸까?

무거운 몸 이끌고 씻는 둥 마는 둥
결국 출근길 차 안에서 연신 한숨만 내뱉다가
아무 일 없다는 듯 하루 시작하겠지

다들 그렇게 직장생활 하더라
다들 그렇게 살아가더라

질문

친절하다는 건
어떤 의미일까
대하기 쉽다는 건가
만만하다는 건가
다루기 쉽다는 건가

착하다는 건
어떤 의미일까
호구가 될 수 있다는 건가
싫은 소리 못 한다는 건
어떤 의미일까

참을성이 많다는 건가
괜히 상처 주기 싫어서인가
정서가 메마른 세상
당신으로 인해 위안 얻는다

그 아이

막다른 길가에 할미의 품에 안겨 있는 서너 살 된 듯한 아이
올망졸망한 눈에 눈망울 가득 눈물이 고여 있었다
등 굽은 왜소한 할미 등에 위태롭게 매달려 쓸쓸함이 가득 묻어 있는 아이였다
눈길 가는 관심보다 선뜻 다가가 지폐 한 장이라도
작은 두 손에 쥐여 줄 용기조차 없었다
잠깐 옆에 편의점 들러 과자 한 봉지라도 사다 주며
"이쁘게 생겼다" "이름이 뭐야?"라고
친근하게 물어볼 행동조차 선뜻 나서지 못했다

그 아이는 지나가는 행인을 한참 쳐다보는 버릇이 있었다
나 역시 그 행인 중에 한 명이었다
다른 행인보다 마주치는 횟수는 많았지만
따뜻한 웃음과 가벼운 미소조차 지어 주지 못한 미비한 나의 존재였다

그 아이는 불행하게도
부모의 손을 떠나 할미 손으로 커 가는 아이였다

나약한 할미에 의지한 채 종종걸음으로
근처 놀이터에서 해가 질 때까지 놀던 아이는 언제부터인가 볼 수 없었다

할미에게 다가가 물어볼 수 없었다
할미는 눈인사로 나를 쳐다본다
묵념하듯 고개 숙인 채 인사하던 모습 사이로
주름 가득한 눈가에 덩그러니 눈물이 바닥으로 떨어졌다

그 아이는 어디로 갔는지 짐작이 되었기에
그 아이에 작은 관심조차 주지 못했던 나는 끝내 고개를 숙이고 말았다

당신에게

곰곰이 생각해 보니
다섯 손가락에 꼽힐 만큼
잘해 준 게 없어서
왠지 모르겠지만
그냥 눈물이 났어

곁에 있어 주는 게
내 주변을 챙겨 주는 게
당연하듯 희생하는 모습이
왠지 모르겠지만
이유 없이 고마웠어

잊기로 해요

즐겨 들었던 플레이리스트 곡
우연히 라디오에서 흘러나올 때
그 상황을 기억하며 즐거웠던 일 생각해요

답답함에 피우는 담배로
가끔 저녁 밥상 반주 삼아
속상했던 일 있었다면
서운한 일 있었다면
가슴에 묻고 마음에 지우고
머리에 잊고서 살아요

혼자서 힘들어하지 말아요
혼자서 애쓰려 하지 말아요
어차피 지금 상황은
당신이 마음가짐에 따라 달라질 수 있으니까요

네가 좋아서

안 가던 꽃집에 들러
프리지어 한 다발 두 손에 들고
매번 쓰고 다니던 모자 벗고
만져도 소용없는 머리 수차례 확인하고

옷장 열기를 반복하며
옷을 수차례 바꿔 입고
숨겨 놓은 비상금
지갑, 카드에 따로 넣어 놓고

해 달라는 것들 잊지 않으려
가고 싶다는 곳 기억하며
맛있겠다는 음식 새겨 두며
갖고 싶다는 물건 몰래 사다 놓는 내 모습

그것뿐이야, 이유 없어
다 네가 좋아서

내게로 와요

나를 찾아 줄까요
안면만 있는 사람이라도
가까웠던 사람이라도
그래도 찾아 주겠지요

내가 주었던 사랑이 부족했더라도
나를 품었던 기억이 짧았더라도
나에 대한 감정이 없었더라도
나는 상관없어요

힘들 때, 기대고 싶을 때
위로받고 싶을 때, 투정 부리고 싶을 때
나를 찾아 주세요
언제나 당신 옆에 있어요

이제야 어른이 된 아이

일찍이 철들어 늘 하던 소여물 준비하다가
아차 하는 순간 작두에 잘려 나간 손가락
남들과 다른 손 모양이 창피했습니다

오토바이를 타고 공중전화 수리하러 다니던 당신
행여 나를 아는 체할까, 마주칠까
노심초사하던 모자란 아이였습니다

친구들이 나를 불러도
내 얼굴 볼까 봐 고개를 숙였습니다
그만큼 철없던 아이였습니다

멀리서 일하는 당신 모습
친구들이 인사할 때 나는 아무 말 없이 서 있던
무뚝뚝하고 부끄럼 많은 아이였습니다

아들은 솔직히 당신이 모습이 부끄러웠습니다
당신이 떠난 한참 뒤에서야 많이 느낍니다

이제야 이렇게 어른이 되었습니다

보고 싶습니다

part Ⅲ

내 삶을 인정하며 산다는 게
생각만큼 더 어려운 일이었다
다들 어떻게 살아가고 있나요?

수저의 차이

정해진 출발점이 다르다는 것
누구는 내일이 기대가 되고
누군가는 내일이 그려지지 않는다는 것

경험이 없어도, 경험이 많아도
문제가 되고 안 되는 것의 차이
기본적인 일상생활 안에서도 느껴지는 온도 차이

겪어 본 적이 없어서 아무것도 모르는데
어울리려면 아는 척도 해야 되며
가만히 있어도 주변 사람들이 다 알아서 해 주는 차이

티 안 나게 눈치껏 따라 해야 되는 곁눈질
사람들이 바라보는 차이
사람들이 시선이 느껴지는 차이

흔히 말하는
금수저, 흙수저

연연하며 살다 보면

삶은 당연히 행복하지 않겠지

너였어

사랑했던 사람 있었지만
내 옆에 있는 건
역시 너였어

고마웠던 사람 많았지만
지금도 그 마음 변치 않게 만들던 사람은
역시 너였어

가끔 냉정한 사람
눈치 보게 만들던 사람이지만
옆에서 나를 진심으로 아껴 주던 사람은
역시 너였어

나의 마지막까지
당연히 너였으면 참 좋겠어

어려운 다짐

남의 가슴 아프게 하지 않기
남의 심장에 대못 박는 일 하지 않기
남의 눈에 눈물 나는 일 만들지 않기

그걸 떠나서
나로 인해 나의 가족들 마음 아프게 하지 않기
말은 참 쉬운데 살면서 지키기 힘든 이야기

시대적 착오

책임감은 당연히 있었고
애사심도 남들보다 강했지만
언제부터인가
그냥 밥벌이가 되어 버렸다

매달 나라에서 주는 돈 받아 가는데
누구는 열심히 일하고
누구는 아무 생각 없이 하루를 보내다 간다는 생각에
사로잡혀 나의 정체성은 혼란스러웠다

푸념, 불평, 불만, 짜증 부정적인 단어보다
긍정적인 단어를 찾으며
애써 웃어 보이는 게 최선이라고 생각하며
희생이라는 단어는 점점 퇴색되어 갔다

발전 없이 편하게 있어도 되는 건가
우물 안에 개구리가 되고 있는 건 아닌가
절로 부끄러워진다

즐거움이, 열정이 사라질까 겁이 난다

장애 자식을 둔 부모

하늘이 내려 준 선물
기뻐했을 환한 얼굴
남들과 다름을 알고 난 뒤
청천벽력 같았던 장애 진단

내가 낳았으니
내가 책임져야지
다 내 잘못, 내 탓이야
엄마, 아빠의 간절한 소망이자 희망은
'자식보다 내가 하루라도 더 살았으면 좋겠어'

'나는 책임질 수 있어'
양육의 부담과 사회적 관심에 비해
열악한 사회복지 인프라인 시선과 편견
어쩔 수 없이 달고 살아야 되는 압박감
누가 내 마음을 알아줄까?

눈에 넣어도

아프지 않다던 자식이
스스로 감당되지 않을 때의 상실감
매일 죄짓고 용서하며 사는 모습
웃는 얼굴 속, 눈가에 아픔이 당연스레 고여 있네

삶은 어떻게 변화했을까
비극적인 죽음이 매번 수차례 반복되고 있지만
뒷짐만 지고 있는 현실 속은
나아지지 않고 죽어가고 또 죽고 있네

우울증을 못 이기고 발달장애인 아들 감싸안고
아파트에서 뛰어내린 엄마
고된 자책과 괴로운 현실 속에 암에 걸린 시한부 엄마
남아서 혼자 살아갈 딸이 힘들까
죽음을 선택했네…
탓하지 말자 욕하지 말자
우리가 사회가 변하지 않아서 그래

마흔 살 2

많이 무서웠어
'설마 나도' 생각에 사로잡혀
내가 떠나가면 큰 상처와 외로움으로
남겨질 가족들 생각하니

며칠 밤 잠을 못 잤어
식은땀 날 정도로 불안한 마음을 잡을 수 없었어
'설마 나도'
'아버지처럼 마흔 살, 갑작스레 떠나가면 어떡하지'

혼자서 불안했던 마음
마흔이 넘은 뒤에야 안정 찾을 수 있었어
시간 지난 후 그런 생각 들었어
'내 마음처럼 되지 않더라도 하루하루 감사하며 살아야지'

[강요는 아니더라도 당신도 이런 생각 갖고 살았으면 좋겠다]

볼맞춤

아무도 안 와
시간 없어
이제 곧 수업 시간이야

마지막 기회야
쑥스러움에 머뭇거리다가
고개 숙이는 찰나

네 입술이
내 오른쪽 볼에 닿았어
감히 여자가 남자의 얼굴에

뭐야
별것도 아닌데 이 짜릿함은
처음이었어

첫 키스

숨기고 있을래
떨려도 아무렇지 않게 있을래
경험 있는 척 당당히 하고 있을래

온몸 비틀어 부끄러워하지도 않을래
네 얼굴이 가까이 다가오고 있어
애써 피하지 않을래

입속에 갑작스레
네 향기가 들어와
나를 움찔하게 만들었어

사실은 말야
나의 첫 키스였어
아 이런 느낌이었어

포장마차

추억 속에 묻어 버린 그곳
삶의 무게는 책임감과 불안감은 커지고
풀려 버린 두 눈 사이에
빈 소주잔만이 덩그러니 놓여 있다

그 좋아했던 고갈비
맛을 잊어버린 지 오래
자주 주문했던 닭똥집 볶음
언제 먹었는지 기억나지 않는다

패기 넘치던 그 시절
다가올 미래를 힘차게 그리며 열변을 토해냈던 그 장소
한 잔만 더 하고 가라며, 가지 말라 붙잡던 손도
무거워진 어깨와 함께 점점 사라져 간다

친구

아무 말 없이 가만히 있어도
마음을 알아주는 사람
주제 없는 대화
목적 없는 만남에도
늘 옆에 있어 주는 사람

힘들다 얘기 안 해도
귀신같이 내 마음 알고
망설임 없이 먼 길 마다하지 않던 사람
가벼운 차 한잔, 무거운 술자리에도
항상 옆자리를 지켜 주는 사람

그러니 이렇게 살아가지
그러니 만나서 위로받지
가진 것 없어도 나눔을 배웠고
오래도록 우정을 나누고 있다

마흔 살 3

[똑똑한 사람일수록 가진 것들을 버리지 못한다]

똑똑하지 않은 나란 존재인데
그 욕심은 버리지 못하고 살아가는 걸까?
어떻게 살아야지 잘 사는 거야?
이 나이 되도록 모르겠다

가면 갈수록 돌덩이만 한 욕심
좁다란 머릿속 비우지 못해
넉넉한 마음 채우지 못하는
이 나이 되도록 부족하다

가진 게 없음에도
많아 보이고 과분해 보이는 건
베풀지 못하고 살아가는 내 삶이 서운해서…
이 나이 먹도록 부족함이 많다

왜 이러고 살아 속상하게

생전 연락 없다가
뜬금없이 보내온 계좌번호
안부보다는 급전이 필요하다는 애닳은 부탁

어쩌다 이 지경에 되었는지
외면해야 하는데
자꾸만 신경이 쓰인다

독해져야지, 무시해야지
할 만큼 해 줬어, 이제 상관없는 일이야
도와주지 못한 불편함 뒤에 미안함
누구에게도 말 못 할 병이 되었다

입바른 소리

윗사람이
애매모호하게 말을 했을 때
그 요점을 찾아내는 게
가장 힘들다
우리에게
다들 대접받고 싶지만
그 뒤로 결정에 따른 책임들은 다 회피하려 한다

인생의 길잡이

아빠보다 더 많이 살고 있네
이래도 될까?
내 옆에 아빠의 며느리
아빠의 손녀들 봤더라면
얼마나 더 좋았을까

환하게 웃으면서
나한테 했던 것처럼
손녀들을 목말을 태우고 다녔겠지
어디를 가든 데리고 다녔겠지

살아가면서 과정과 결정에
인생에 조언을 해 줄 사람이 없다는 게
쓸쓸한 밤만 되면 달빛 비추는
바다 물결 드넓은 모래사장을
나 홀로 걸으며 보물을 찾으려 애쓰는 기분

살아가면서 길잡이가 없다는 것

과정과 선택 속에 책임감은 무거워진다

딜레마에 빠지다

당신의 원하는 삶이 무엇인가요?
상식을 벗어나지 않는 선에서는
당신이 해 달라는 것들 다 해 주고 싶어요
이게 제 마음이고 사명이죠

언제부턴가 고민에 빠졌어요
하고 있는 일에 회의감과 고민이 많아졌어요
이게 맞는 것 같은데
다른 사람들과 생각과 뜻이 맞지 않아요

정해진 답은 없는데 왜 그리
규칙 없는 규칙을 정해야 하는 걸까요?
좀 더 편하기 위해 만든 뜻 없는 결정에
너무 신경 쓰지 말아요

최대한 많은 얘기 나누고
스쳐 지나가는 얘기라도 들어 주고
관심과 애정을 갖고서 일하려 노력해요

이것만 기억해요
나중에 후회하지 않도록 해요
서로에게 당연한 고마운 사람으로 남아요
서로에게 필요한 소중한 사람으로 남아요

기도하던 너에게

청바지에 아마 까만 티였는지 회색 티였는지
어떻게 알고 찾아와
혼자 무릎 꿇고 기도하던 너
정신없는 와중에도 눈에 들어왔지

앳된 얼굴에 짧은 스포츠머리
진지하게 기도문을 읽은 후 성에 안 찼는지
한참 앉아 있다 자리를 떠났지
가끔씩 그때 그 모습이 떠올라

기도하던 너의 모습
잊지 않을 거야
우스갯소리로 들리겠지만
평생 살아가면서 그 고마움 잊지 않을게
무슨 일이 있더라도 두 손 잡아 줄게

몽상

나랑 꿈속처럼
살았다면 지금보다 행복했을까
그래, 너보다 많이 이해해 주고
너보다 더 좋은 사람하고 살고 있어

아무리 네가 잘한다고 해도
내 옆에 있는 사람을 대신할 수 없을 정도로
행복하게 살고 있으니
꿈에서라도 나타나지 말아 줘

기도하며

오래오래
머물러 주기를 바랐지

오래오래
사랑해 주기를 바랐었지

이제는 못 해 주니까
전처럼 힘들게 안 하니까

오래오래
네가 더 행복하기를 바라는 마음

초심

'점점 예의가 없어지네'
'처음에는 안 그랬는데 말이야'
'너무하단 생각이 자주 들어'
'말을 해 줘야 하나'
'내가 알던 사람은 이런 사람 아니었는데'

누가 이렇게
사람을 변하게 만들었을까?
가슴에 손 얹고 생각해 본다
자리가 사람을 만든다
인성이 좋아야 겸손도 마음에 들어온다
겸손도 지내 보아야 알 수 있다

겉과 속이 다른 사람들 사이
그 틈에서 애써 태연한 척 말 못 하고
정신없이 살아가고 있는 게 아닐까
진정으로 그 사람을 느끼며 살아가고 싶다

박탈감

다투고 난 뒤
간격을 두고 너의 뒤를 따라 걸어갔어
모퉁이 코너를 앞에 두고 눈에서 사라진 너
수없이 너의 이름을 부르고

이곳저곳 찾아 헤매고 다녔었지
분명 잘못 돌아가는 것 같은 불길한 생각이
머릿속을 지배했을 때
전화를 걸어도 소리샘으로 바로 연결되고

거리를 거닐던 사람이 시선은 나를 향해 있었어
그렇게 정신 나간 사람처럼
너의 이름을 큰 소리로 불러가며 찾아 헤매었어
신고를 했지

납치는 아니라고, 진정하시고
가출일 수도 있으니 시간을 갖고 기다려 보자고
'말을 참 편하게 하지'

입장 바꿔 생각해 봐라

이러다가 실종된 사람이 한두 명이겠어
사람 봐 가면서 하는 일…

part IV

솔직히 못된 얘기지만
나만 힘든 게 아니라
너도 힘드니까 위안 삼을 수 있어
사실이잖아

숨기려만 하지 말고 좀 더 솔직해 보자

역할

"이거 하면 안 돼요"
"가만히 있어요"
"하지 말라고 했는데…"
"나는 하고 싶은데요"
"다치면 다 우리가 책임져야 되니까"
"얘기 좀 잘 들어 주시면 좋겠어요"

"먹기 싫으면 조금만이라도 드세요"
"안 먹으면 안 된다고 말씀드렸잖아요"
"자주 화장실 가시라고 알려 드렸잖아요"

어떻게 해야 이런 모습 보이지 않을까
일이라고 하지만 이래도 되는 걸까

괜찮아, 자리에서 역할을 하며
잘하고 있는 거야
어느 순간 내가 필요하지 않다고 느낄 때
그때 알아서 떠날 거야

솔직히 말하자면

아프다, 아프다
반복되는 얘기는
듣는 사람의 뇌를 지치게 한다

아프다, 아프다
반복하는 얘기는
몸이 먼저 반응하는 습관이 되어 버린다

오로지 아프다 해도
충분히 이해할 수 있는 사랑은 힘들다
곁에 있는 사람이 더 아프다

솔직하게 말하자면 그렇다
행복하기를 바라지만, 잘 살아 주기를 바라지만
사랑하지만 힘들 때도 많다

마지막 사랑

나이 들어서 볼 게 없어도
별 볼 일 없어도
다른 사람 비교해 보면
한참 멋도 없고
돈도 많이 못 벌고 후졌어도
어쩌겠어

네 선택이었는걸
어쩌겠어
그래도 사랑한다는데
같이 있어 줘야
마지막 사랑이지

그대여

멀리는 가더라도
어디로 가는지
목적지만 알려 주세요

어디에 머무는지
장소만 알려 주세요
아무 연락 하지 않을게요

애써 마주치려 하지 않을게요
이렇게 알고만 있어도
편해지는 마음
힘들더라도 열심히 사는 이유가 될 수 있으니…

그대여
내게 힘이 되어 주던 사람
부디 나를 잊지 말아 주세요
좋은 사람으로 남아 주세요

넌 그냥

가만히 있어도 돼
아무것도 하지 마
그냥 내 옆에만 있어도 돼
그게 다야
내가 다 해 줄게
이게 내 마음이야

말이 되는 소리냐고?
사실이야
난 너만 있으면 돼

그러지 말아요

부모 사랑 속에 봉오리 맺고
한참 꽃을 피우는 시기
지켜 주기 위해서
너무나 사랑해서
나 없이 살아갈 가족들 나날들이
눈물이 나서
같이 떠나기로 마음먹었습니다

내 가족은 당연히 책임집니다
내 가족 내가 끝까지 안고 갑니다
부디 용서해 달라고 빌지 않겠습니다
왜 그런데
자꾸 눈앞이 아른거립니다
후회가 되더라도 함께라서 다행입니다

정말 다행입니다
같이 같은 곳으로
눈물이…

우리나라의 봄은 슬프다

쌓이고 쌓였던 울분, 아픔
수십만 번 토해내도
성에 차지 않는 계절 중
봄은 더 슬프다

이제 눈물조차 말랐고
이제 울부짖는 소리 들리지 않아
믿고 맡겼지만 달라진 건 없는데
지우고, 잊고 어떻게 살아가

겪어 보지 않는 일
꿈에서도 일어나면 안 되는 일
그 심정 헤아리지 못하는
봄은 더 잔인하다

지긋지긋하지 않냐, 이제 그만해도 되지 않냐
피 흘린 채 손을 뻗쳐서 잡았던 기관총…
"가만히 있어라" 몸을 껴안은 채 의지했던 아리따운

그들
우리나라의 봄은 슬프다

끝까지 함께하길 바라던 다짐들
자식과 부모 사이를 허망하게
끊어 버린 후 남겨진 이에 슬픔까지
깊은 상처로 남긴 우리나라의 봄은 더없이 슬프다

[봄날의 햇살은 따뜻해서 더 슬프다]

가난

집이 가난하다는 실체는 벽지 주변에 곰팡이가 많이 나 있고, 바닥에 펼쳐진 장판에서 붕 떠 있거나, 갈라진 시멘트 사이로 벌레 나오고 좁고 오래된 집이 아니다.
차가 없거나, 연식이 오래된 볼품없는 차가 아니라 요즘 유행한다는 고급 신상 옷을 입지 못하고 옷을 자주 입어서 목 주변에 축 늘어진 라운드 티, 낡은 옷이 아니다.
가난은 어디 가고 싶은데 가지 못하고 교통비나 기름값을 걱정해야 되는 현실적인 문제이다. 지금 당장 가스불을 써야 되는데 가스비를 내지 못해 휴대용 가스레인지 불을 켜고 양동이 통에 물을 담아 데워서 씻어야 된다는 서러움과 추운 날 보일러가 작동되지 않아 옷을 껴입고 겹겹이 이불을 깔아도 올라오는 한기로 잠을 설치는 것이다.
전기세를 한참 내지 못해 현관문 앞에 덕지덕지 붙어 있는 연체료, 독촉 전화까지 어두운 방에서 지내는 게 익숙해지는 것이다.

참을 수 있을 만큼 참다가 비용 문제로 치과에 가지 못하고 약국에 파는 진통제 하나 입에 넣고 진통이 가라앉기를 기다리다가 다시금 진통제를 먹어야 되는지 고민하는 서글픈 마음이다.

오로지 감당할 수 있다면 과정이겠지만 사랑하는 자식들에게 장난감 하나 못 사 주고 먹고 싶다는 음식 가격 앞에서 망설일 때 죽어라 벌어도 돈이 어디로 사라지는지 모르는 절박함과 종종 주변 지인들에게 돈 얘기를 꺼내야 하는 비참함이다.

가난하다고 사람까지 가난한 게 아니다.

이 어려운 상황 속에서도 남들 앞에서 티 내지 않고 주어진 삶에 긍정적으로 열심히 살아가는 사람들이 있는 반면 그 좋은 조건과 환경 속에서도 이해심과 배려심 없이 나밖에 모르고 살아가는 마음이 진짜 가난한 사람도 있다.

어떤 삶을 살고 있나?

가난은 마음이 가난하다는 것이다. 그게 제일 큰 문제이다.

가난은 어떤 문제가 되지 않을 것이다.

천국으로

또래 친구들과 운동장을 한참 뛰어놀아요
미끄럼틀, 그네만으로 즐거운 하루 보낼 수 있지요
주머니 속 꼬깃꼬깃 지폐 꺼내 친구들과 나눠 먹는
떡볶이가 세상에서 제일 맛있어요
친구들의 장난, 메신저, 전화가 나를 행복하게 해요

밖에서는 행복한데 집에만 오면 나도 모르게
눈치를 보는 습관이 생겼어요
엄마 아빠가 싸워도 밉지는 않아요
엄마 아빠가 사랑할수록 많이 싸운다고 그랬어요
아직 사랑할 시간이 필요한가 봐요

부쩍 돈 얘기가 많이 나오네요
엄마 아빠 얼굴에 웃음이 부쩍 사라졌어요
슬며시 다가가 애교 부려 봐요
살며시 웃으며 내 얼굴을 쓰다듬어 주네요
역시 엄마 아빠의 엔도르핀은 당연히 나니까요

다 이해할 수 있어요
나는 엄마 아빠를 너무 사랑하니까요
솔직히 슬퍼요
솔직히 무서워요
다른 사람들은 엄마, 아빠를 어떻게 생각할까요?

나를 가엽고 불쌍하다고 여기겠지요
슬퍼하지 마세요
나는 낮 하늘에 태양, 밤하늘에 달이 되었어요
나는 예쁜 나비가 되어 꽃동산을 훨훨 날아다녀요
나는 바람이 되어 온 세상을 누비고 다녀요
늘 사람들 주변에 외롭지 않게 머물러요
...

유별난 부모들

아파트 단지 안에 놀이터에 뛰어노는 아이들
잘사는 동네 못사는 동네 구분 없이
사이좋게 뛰어놀던 그때가 참 좋았죠

아파트 단지 안 초등학교
"아빠 엄마 뭐 하시니"
"할머니랑 산다고?"
"얘랑 어울리지 말아라"

"우리 동네에서 놀지 말아라"
"어쩌다가 왜 임대아파트 사는 애가 반장이 되었느냐"
등교 거부 항의로 다시 뽑은 반장
그 아이가 받은 상처는 중요하지 않아

내 자식이 더 특별하니까
집값 떨어지지 않게
쉬쉬하며 이럴 때는 대동단결
이게 말도 안 되는 소리라고?

실제로 일어나고 있는 눈앞의 현실

그때 그 시절에는 아무 문제 없었죠
이제는 어떠한 문제도 만들어 내죠
사람은 추억을 갖고 산다는데
그럭저럭 추억 없이 사는 사람들이 그냥 불쌍할 뿐이죠

당신들은 어떤 추억으로
어떤 기억으로 살고 있나요?

다 똑같이 살아

신문에 나는 잉크 냄새
책에 나는 종이 냄새
그 냄새보다
맛있는 음식 냄새가 더 좋아진 지 오래
사람이라는 게
식탐은 어쩔 수 없더라—

맛있으니까
맛있어 보이니까
눈앞에 있으니까
먹어 봤던 맛이니까
못 먹어 봤던 거니까
어떤 맛일까? 궁금하니까

솔직히
먹는 것만큼 큰 즐거움 없잖아
공허한 마음 이렇게라도 채울 수 있음에
감사하고 살자

살다 보면

결국에는 다 먹고살기 위함이니

다 똑같이 살고 있는 거야

입장 바꿔 봐

남들이 보기에
찌질하면 어때
나만 좋고
나만 웃고
나만 행복하면 되지

그렇다고
내 옆에 있는 사람까지
그렇게 바라보지 마

남들이 보기에
너도 이미
있어도 그만 없어도 그만
그저 그런 사람일 테니

내가 쓰는 글

아름다운 시어로 주변의 풍경을
써 내려갈 수 없지만

다양한 시어로 사물의 의미를
세세히 표현할 수 없지만

정결하고 따뜻한 마음으로
진심을 다해 나를 담아 본다

마음에서 마음으로
그 마음이 전달될 수 있도록

에필로그

몰라도 괜찮아.

나만 알고 있어도 된다고

그렇게 생각했어.

그냥 아무 이유 없이 찡할 때가 있어.

그러려니 하고 말았는데

가끔 서글프더라.

위로받았으면 좋겠어.

그것뿐이야.

[두 손 모아 당신에게 드립니다.]

해시태그

\# 따뜻한 밥 한 그릇
같이 나누며 얘기하고 싶다
잘 버텨 준 그대, 고맙다고
\# 마흔 살
\# 마음
\# 소중한 당신

지금도 충분히 행복해

초판 1쇄 발행 2026년 2월 2일

지은이 정향목
펴낸이 이기봉
편집 좋은땅 편집팀
펴낸곳 도서출판 좋은땅
주소 서울특별시 마포구 양화로12길 26 지월드빌딩 (서교동 395-7)
전화 02)374-8616~7
팩스 02)374-8614
이메일 gworldbook@naver.com
홈페이지 www.g-world.co.kr

ISBN 979-11-388-5369-9 (03810)

• 가격은 뒤표지에 있습니다.

• 파본은 구입하신 서점에서 교환해 드립니다.